AF356244

DISCOURS

PRONONCÉ

A L'OCCASION DU MARIAGE

DE

M. EUGÈNE CHIFFARD

ET DE

Mlle MARIE THÉODORE

PAR M. L'ABBÉ GUÉRIN

EN LA CATHÉDRALE DE CHARTRES

Le 19 Mars 1880

DÉPÔT LÉGAL
Rhône
n° 196
1889

DISCOURS

PRONONCÉ

À L'OCCASION DU MARIAGE

DE

M. EUGÈNE CHIFFARD

ET DE

MLLE MARIE THÉODORE

PAR M. L'ABBÉ GUÉRIN

EN LA CATHÉDRALE DE CHARTRES

Le 19 Mars 1889

Ln 27
38398

ous voici au pied des autels pour prendre l'engagement le plus solennel et le plus important de votre vie, contracter une union indissoluble, une alliance sainte et vénérable.

Laissez-moi, au nom de l'Église dont je suis le ministre, vous rappeler la grandeur de l'acte que vous venez accomplir et vous exposer les devoirs sérieux qui en résulteront pour vous.

L'origine de cette union sacrée remonte à l'origine même de l'humanité. C'est le même Dieu qui créa les deux premiers humains et les unit l'un à l'autre : lui-même forma le lien qui enchaîna leur existence, lui-même prononça sur eux la première bénédiction nuptiale et consacra ainsi, pour tous les siècles, le Mariage. Voilà pourquoi le Mariage, dans tous les temps et jusque dans les ténèbres mêmes du paganisme, a revêtu un caractère essentiellement religieux. Sans doute des pratiques grossières et barbares, des rites superstitieux, inventions malheureuses, fruits de l'ignorance et des passions, sont venus, dans ces temps antiques surtout, s'y mêler, rabaisser et défigurer cette noble institution divine. Mais Dieu veillait sur elle : c'était son œuvre ; il ne voulait pas que cette institution sainte perdit pour toujours le cachet de sa céleste origine. Lui-même se chargea de la relever.

Jésus-Christ, en effet, a pris cette institution, déjà si respectable, cette union religieuse de l'homme et de la femme établie par son Père au commencement du monde, et il en a fait un *Sacrement*.

Le Mariage des chrétiens n'est donc plus seulement une union naturelle, ce n'est plus même un contrat simplement religieux, tel qu'il fut établi à la naissance de l'humanité, tel qu'il est encore aujourd'hui chez les peuples qui ne suivent pas l'Évangile, ce n'est pas non plus une association purement civile qui consacre en face des hommes et de leur loi les droits de deux époux. C'est un signe sacré et vivifiant, canal de la grâce céleste et son instrument. Il la produit, cette grâce, dans les âmes bien préparées en leur conférant un accroissement de vie divine et surnaturelle, en les fortifiant, en les disposant à l'accomplissement fidèle, exact et persévérant des devoirs parfois laborieux auxquels il les doit assujettir. Signe sacré de l'union même de Jésus-Christ avec son Église, alliance ineffable, dit Tertullien, qui attire sur elle les regards et les bénédictions du ciel et de la terre. « Oui, dit ce Père, l'adorable sacrifice de nos autels a mission de la sceller ; le prêtre, par sa bénédiction, la consacre : les anges, ses témoins, l'acclament et le Très-Haut la ratifie ! »

C'est avec ces pensées, j'en ai la confiance, que vous venez chercher ici cette bénédiction, recevoir ce Sacrement salutaire. Élevés tous deux dans les enseignements de la foi, vous savez apprécier la grandeur et la sainteté du nœud que vous voulez former entre vous : nœud qu'un choix libre et mutuel, des convenances de sentiments, des sympathies de caractère ont heureusement préparé, nœud que le Sacrement va tout à l'heure rendre indissoluble.

Mais ce Sacrement vous imposera de grands devoirs, et l'Église en ce moment nous exhorte, nous, ses ministres, à vous les rappeler. Remémorés, compris et médités à cette heure solennelle, ils font dans l'âme une impression plus vive, plus forte, plus durable, je dirai même, ineffaçable.

Vous, Monsieur, vous regarderez votre épouse comme une amie, une compagne, comme une aide que Dieu vous a choisie, destinée, et qu'il vous donne aujourd'hui. La recevant d'une telle main, vous concevrez facilement à son égard les pensées, les sentiments qui doivent toujours vous guider. Dieu vous donne sur elle l'empire, empire non pas de force, de tyrannique puissance, mais d'autorité bienveillante, de bonté, de prévenance. Vous serez son soutien, son guide. En vous elle trouvera son appui, son refuge et son gardien. Vous l'aimerez, c'est le précepte de l'Apôtre, c'est le précepte de Jésus-Christ. Vous l'aimerez de cette amitié fidèle et forte qui persévère dans la tristesse comme dans la joie, aux jours des revers comme aux jours du bonheur.

Vous, Mademoiselle, vous serez soumise à votre époux. Il est, dit saint Paul, votre chef comme Jésus-

Christ est le chef de l'Église : comme l'Église est soumise à Jésus-Christ, ainsi l'épouse doit être soumise à son époux. Votre piété vous rendra ce devoir facile et, j'en suis sûr, les qualités de celui que Dieu vous donne pour chef, qualités dont vous avez déjà pu vous rendre si heureusement, si délicieusement compte, vous le rendront plein de charmes. A vous de répondre aux soins de votre époux par les égards, les attentions que vous suggérera votre amour ; à vous de doubler ses joies, grâce à la part que vous y prendrez ; à vous aussi de partager ses peines, si Dieu permet qu'il lui en survienne, de les adoucir par le baume que vos vertus sauront répandre sur elles. C'est, du reste, ce que nous attendons de vous, comme fruit de la délicate éducation qui vous a formée, des leçons puisées au sein d'une famille vraiment chrétienne, de l'héritage et de l'intercession des saints prêtres, gloire de cette famille, de la douce obligation enfin où vous êtes, Enfant de Marie, Enfant de Notre-Dame de Chartres, de glorifier par toute votre conduite Celle qui, jeune fille, fut votre Modèle et votre Mère, Celle qui, épouse, sera encore, sera toujours votre Mère et votre Modèle.

Et tous deux, tous les jours de votre existence,

vous devrez vous souvenir du nœud, et du nœud
sacré qui vous lie. Vous serez unis : fidélité donc
inaltérable et perpétuelle l'un pour l'autre. Vous
serez unis par une alliance sacrée : que votre vie
l'atteste et devant Dieu et devant ses anges et aux
yeux des hommes : *honorabile connubium in omni-
bus*...

Maintenant, veuille le Dieu, source de tout don
parfait, exaucer mes humbles mais ardentes sup-
plications. Qu'il répande sur vous les grâces les
plus abondantes. Puisse une aimable et ver-
tueuse postérité, formée sur vos exemples et
par vos leçons, être votre joie, votre bonheur.
Puissent vos jours, époux chrétiens, couler calmes
et sans nuages ! Qu'ils soient nombreux, qu'ils
soient ornés d'œuvres saintes, qu'ils soient pleins
de mérites pour le ciel. Là, vous vous réunirez de
nouveau et vous vous continuerez dans les siècles
éternels cette amitié que vous allez vous jurer tout
à l'heure l'un à l'autre sous les regards et la bénédiction de Dieu.

LYON. IMP. PITRAT.

www.ingramcontent.com/pod-product-compliance
Lightning Source LLC
LaVergne TN
LVHW050235180726
843501LV00014BA/4327